AF226385

SÉPARATISME ÉCONOMIQUE

CONTRE L'ALGÉRIE

Par M. Ernest LAYER

Président honoraire de la Société normande de Géographie

Membre de l'Académie des Sciences, Belles-Lettres et Arts de Rouen

PARIS

Librairie Générale et Internationale

G. FICKER

6, Rue de Savoie, 6

—

. 1912

SÉPARATISME ÉCONOMIQUE

CONTRE L'ALGÉRIE

Par M. Ernest LAYER

Président honoraire de la Société normande de Géographie

Membre de l'Académie des Sciences, Belles-Lettres et Arts de Rouen

PARIS

Librairie Générale et Internationale

G. FICKER

6, Rue de Savoie, 6

—

1912

Extrait du Bulletin de la Société normande de Géographie

SÉPARATISME ÉCONOMIQUE CONTRE L'ALGÉRIE

Par M . Ernest LAYER

La Société normande de Géographie ne saurait rester indifférente à une question qui fût et sera toujours l'objet de ses préoccupations, l'avenir de la plus grande France, l'expansion coloniale. Les intérêts généraux de notre pays, armement, commerce, industrie, consommation, se trouvant en péril par le fait d'une tentative de séparatisme économique entre notre pays et sa grande colonie de peuplement et d'exportation, l'Algérie, il a paru opportun à l'un de ceux que la Société a honorés de sa confiance de contribuer, à l'aide de son *Bulletin*, à faire connaître cette tentative qui emprunte aux circonstances le caractère d'un acte de lèse-patrie. Il convient de prémunir l'opinion, insuffisamment avertie, contre la coalition qui s'est formée en vue d'obtenir, par la limitation de l'admission en franchise des vins d'Algérie en France, l'abrogation effective de l'Union douanière actuelle. Le maintien ou la suppression du principe de la réciprocité des échanges entre la Métropole et la colonie impliquent la ruine ou le développement du marché magnifique ouvert en Algérie à l'activité nationale. Qu'on y songe, donner et retenir ne vaut; il faut opter entre les conséquences inéluctables de la décision à prendre, recul ou progrès seront la fatalité telle qu'on l'aura voulue.

Or, si le succès couronnait leurs efforts, les conjurés eux-mêmes seraient épouvantés du retentissement de leur triomphe au-delà des frontières.

Il importe tout d'abord d'écarter l'équivoque tendant à confondre la situation de l'Algérie, prolongement de la patrie, grand marché réservé à l'importation des produits français, et celle des pays de protectorat.

Pour la Tunisie, l'admission partielle de ses produits dans des conditions favorisées s'explique par ce fait qu'une situation privilégiée doit être réservée à la France à l'expiration des traités qui lient la Régence avec d'autres puissances. C'est l'application de la vérité économique résumée en trois mots par le principe antique, *do ut des*, en français, donnant, donnant.

Quant au Maroc qui n'aurait rien à offrir à notre pays à titre de réciprocité, il n'aurait droit à aucune exonération fiscale et devrait fournir, par les droits acquittés à l'entrée de ses produits, la seule compensation qu'il puisse donner aux charges assumées par l'acquisition à titre onéreux d'un protectorat partiel, tout à fait négatif au point de vue économique. On sait, et il suffit d'avoir été à Oujda, quelles spéculations ont été engagées et l'on regrette parfois de n'avoir pas pris des notes qui seraient, par le fait des évènements, devenues fort intéressantes. Ce que l'on peut dire, c'est que le véhicule portant le nom ironique aujourd'hui de diligence, débarquait le touriste au bureau de douane chérifien où, son léger bagage et presque sa personne, étaient l'objet d'un examen consciencieux établissant tout au moins le souci de l'accomplissement du devoir pour la perception des taxes.

Toujours est-il que le fait de l'acquisition du protectorat en voie d'organisation et celui de plantations de vignes, entreprises inconsidérément, ont fourni l'occasion ou plus exactement le prétexte d'une campagne contre l'Algérie. Le petit nombre de départements producteurs de vins de consommation courante, destinés aux classes populaires, aux petites bourses, ont mené une agitation tapageuse pour obtenir la limitation de l'introduction en franchise des vins d'Algérie.

Cette étroite région a su intéresser à sa cause l'ensemble des groupements viticoles dont les intérêts sont surtout compromis par la concurrence de l'eau claire, soit puisée à la fontaine avec ses germes morbides, soit dite minérale ou stérilisée, ces dernières variétés réservées aux gens fortunés. La *Société des Agriculteurs de France* n'a pas craint de s'associer à une entente fondée sur une poussée de protectionnisme suraigu, plaçant imprudemment les intérêts quelle représente en conflit, tant avec la généralité de ceux du pays qu'avec ses sentiments intimes.

La *Revue Viticole*, dans un article où tout est à retenir, a trahi la pensée anti-coloniale et égoïste de la coalition.

« Jusqu'à ce jour, a dit cette *Revue*, les viticulteurs eux-mêmes étaient
» trop portés à croire qu'il ne pouvait être question d'appliquer des conditions
» particulières aux vins d'Algérie. Et *quand bien même toutes les charges*
» *imposées aux viticulteurs français viendraient à être étendues aux*
» *Algériens,* est-il possible d'admettre qu'une colonie, pour laquelle la

» Métropole a fait des sacrifices de toute nature, puisse venir un jour
» lui faire concurrenee et lui ravir le fruit de ses dépenses et de ses
» travaux ? »

« Ayons des colonies, soit, mais dirigeons l'activité de leurs habitants
» vers des cultures et des intérêts qui font défaut à la Métropole ».

C'est le *delenda Carthago* du vieux Caton, qui n'avait pas d'ailleurs
empêché Carthage de se relever, prononcé contre l'Algérie.

Sans s'attarder à défendre les Algériens qui sauront se défendre eux-
mêmes et faire remarquer l'inanité des prétextes invoqués contre eux,
alors même avoue-t-on que leurs charges seraient égales à celles de leurs
ennemis, on doit remarquer que la plantation de la vigne dans la colonie a
été suscitée et encouragée par les Pouvoirs publics. La crise phylloxérique
avait démontré la nécessité *subsistante* de l'extension et de la répartition du
vignoble français pour éviter les crises de consommation.

Un fait à rappeler, c'est qu'après la guerre fatale, des vignerons alsa-
ciens, qui voulaient demeurer français, vinrent créer le vignoble algérien.
Ces immigrants très chers pouvaient-ils prévoir qu'un jour viendrait où
l'on oserait, parmi les compatriotes dont ils n'avaient pas voulu se séparer,
solliciter contre leurs fils une proscription nouvelle.

Ce que l'on demande n'est autre chose que la violation d'un contrat
synallagmatique par un acte unilatéral. Comment peut-on contester que
les Algériens ne fussent, non pas portés, mais en droit de croire qu'il ne
pourrait être question d'appliquer des conditions particulières aux vins
d'Algérie, alors que la loi du 17 février 1867 a édicté l'union douanière
complète entre la France et l'Algérie, c'est-à-dire la plus équitable réciprocité des échanges.

Le Midi disant par l'organe de ses coryphées, la France c'est moi, est
trop ancien régime. Tout d'abord dans les régions laborieuses où l'on
évite de perdre le temps en discussions vaines, on ne prenait pas au sérieux
l'agitation méridionale, le résultat poursuivi paraissant confiner à l'ab-
surde, matériellement et moralement. Pour nous la France est indivi-
sible et l'Algérie c'est la France. Aujourd'hui qu'une coaliton redoutable
s'est formée, on s'émeut, les intérêts menacés, et qui n'entendent subir
aucune atteinte, se préparent à la lutte.

Les intérêts en cause sont ceux :

De l'armement maritime ;

De l'industrie ;

Du commerce ;

Du consommateur.

Tout d'abord le pavillon français est en possession exclusive du transport des marchandises admises en franchise et se trouve par le fait du renvoi des fûts vides en possession du double frêt de l'aller et du retour.

La suppression partielle de l'admission en franchise aurait pour conséquence d'amener, pour les quantités traitées comme marchandises étrangères, la concurrence des marines rivales. Or pour quiconque a le souci de la puissance nécessaire de la patrie, le privilège accordé à la marine française si menacée est d'une moralité tout à fait supérieure à celui des bouilleurs de crû dont les profits ne s'étendent pas à l'Algérie.

Quant à l'industrie, on sait que ses intérêts ne touchent pas le Midi. On se souvient, pour peu que l'on ait la barbe blanche, des luttes épiques du grand normand Pouyer-Quertier, contre ces libre-échangistes prêts à tout sacrifier de ce qui était le bien d'autrui, par l'espoir illusoire de faire couler à flots leurs vins en Angleterre. Or, comme nos compatriotes, les Anglais savent merveilleusement changer de veste, aussi fûrent-ils libre-échangistes pour les filés et les tissus et demeurèrent-ils protectionnistes résolus en faveur de la bière.

Personne ne saurait contester parmi les ligueurs qu'en matière économique ils s'inspirent du principe peu chevaleresque, *chacun pour soi et Dieu pour tous.* Suivant l'exemple qu'ils nous donnent, nous leur dirons que si les colonies, dont les productions se trouvent en concurrence avec les leurs, peuvent leur devenir odieuses, nous aimons nous autres l'Algérie, contrée agricole, où nous trouvons l'écoulement de nos produits, sans préjudice d'une amélioration de bien-être.

Pour permettre d'apprécier les avantages résultant pour la Métropole des transactions échangées entre elle et la grande colonie, il suffit de se reporter aux chiffres empruntés, dans le numéro de la *France africaine* (¹) du 3o janvier, aux statistiques publiées par le Gouvernement général de l'Algérie.

« Restreinte, dit cette feuille hebdomadaire, au trafic intéressant

______

(¹) *La France Africaine,* journal colonial hebdomadaire. Paris, 9, rue Saint-Georges.

exclusivement la consommation et la production de la colonie, l'évaluation
du mouvement commercial en 1911 donne les résultats suivants :

Importations : *Cinq cent soixante-cinq millions.*   565.000.000 f.
Exportations : *Cinq cent quatorze millions* 514.000.000

Au total : *Un milliard soixante-dix-neuf millions*   1.079.000.000 f. »

Ce chiffre est supérieur de *cinquante-quatre millions* à celui de 1910,
en avance lui-même sur celui de l'année précédente.

C'est une progression continue avec balance, pour chaque exercice, en
faveur de la Métropole qui voit rentrer ses capitaux, avec le principal addi-
tionné d'intérêts équivalant à un gros dividende.

On ne saurait en bonne conscience demander, à ceux qui béné-
ficient à ce point de la prospérité de l'Algérie et qui en profitent chaque
année davantage, de prêter les mains à la restreindre, disons mieux, à con-
sentir par un procédé quelconque à entraver le développement de cette
prospérité et par voie insidieuse à en amener la ruine.

D'ailleurs, le Normand est quelque peu sceptique ; il sait qu'il faut
dans les doléances en prendre et en laisser, et pour peu qu'il soit lettré, il
penserait sur la foi de maints auteurs que chez le Méridional l'imagina-
tion prime la précision, que les affirmations gasconnes ou provençales ne
peuvent être prises que sous bénéfice d'inventaire. Par atavisme sur les
bords de la Seine, on est accoutumé à ne ménager ni soins, ni peines, en
vue de résultats souvent minces, aussi, estime-t-on que l'on pourrait, à
notre exemple, se contenter de petits bénéfices, sans porter ombrage ou préjudice à qui que ce soit. Quiconque a vécu près de l'industrie et par elle,
sait que les mauvais jours se répètent souvent pour elle et que si les méri-
dionaux redoutent l'encombrement des vins, il arrive de connaître dans les
régions industrielles celui des tissus et des cotons filés. Or, si l'industriel
français connaît la concurrence, s'il en subit les effets, il ne lui vient pas à
la pensée de réclamer des barrières intérieures, d'attenter à l'union de la
famille française.

Mais, les industries diverses ne seront pas seules à se lever pour la
sauvegarde de leurs intérêts ; le consommateur, soit commerçant, soit ache-
teur de seconde main, s'inquiètera d'une manœuvre tendant à faire la vie
plus chère, à aggraver l'état de choses dont il souffre et se plaint. Il ne saurait convenir de voir les viticulteurs de l'Hérault, pour prendre l'exemple

le plus saillant, recueillir les profits de la monoculture et se décharger habilement sur le consommateur des risques et charges, conséquence de leur témérité.

On trouve dans le numéro du *Moniteur viticole* du 2 février la statistique de la récolte de 1910 et du stock déclaré par les récoltants au commencement de la campagne 1910-1911.

Il résulte de ce document que le département de l'Hérault était compris pour 11,131,951 hectolitres dans la production totale de la France s'élevant à 32,024,527 hectolitres, soit pour plus d'un tiers.

La région du Midi dans son ensemble avait produit 21,186,763 hectolitres, soit près des deux tiers de la production française.

Or, qu'advient-il, si la production étant déjà atténuée par la loi réprimant les fraudes, survient une récolte déficitaire, le producteur retrouve avec usure par la surélévation des prix ce qui lui manque en quantité, le journalier du Midi boit de la piquette et le consommateur paye ou se prive si sa bourse se trouve plate à force d'y puiser.

Il importe donc au consommateur que la production agricole et vinicole soit dispersée, pour ne pas subir dans son ensemble les conséquences des aléas inévitables provenant des éléments, des maladies des insectes ; d'où l'existence de marchés isolés et compensateurs s'impose pour éviter des cours de disette.

Bien que la manifestation du Midi soit consécutive à deux années de grands prix, on ne saurait, sans le supposer atteint d'une soif inextinguible du gain, croire qu'il ait pu garder rancune à l'Algérie d'avoir apporté sur le marché des récoltes encore insuffisantes. Cet apport n'a pas fait obstacle à une hausse qui a permis et nécessité l'entrée de vins étrangers. Un proverbe arabe dit : « la pluie ne suffit pas à satisfaire la terre, la mer ne suffirait pas à désaltérer la femme ». Sans faire une application aussi démesurée à nos compatriotes de Gascogne, de Provence et autres confédérés, d'autant mieux que l'eau salée ne désaltère pas, on pourrait reconnaître que s'ils n'ont pas éprouvé une joie sans réserve, d'un retour de fortune incomparable, ils pourraient avaler Garonne, Rhône et cours d'eau circonvoisins sans se tenir pour satisfaits.

On a dit mieux vaut un sage ennemi qu'un maladroit ami; la *Revue viticole* a justifié le dicton en livrant le mot de l'entente. Aujourd'hui, c'est le vin qui gêne; demain, ce sera le blé, l'avoine, alors nouvelles limitations. A quelque jour on verrait figurer parmi les proscrits, les haricots verts, les artichauts, les petits pois, pêle-mêle sur la liste dictée par le caprice et la cupidité, avec les moutons.

Encore autant de frêt soustrait à l'armement.

D'ailleurs, pourquoi s'arrêterait-on en si bonne voie, pourquoi n'adviendrait-il pas, après avoir marché au pillage de compagnie, d'en venir à se jalouser, à se gêner mutuellement ? Faudrait-il encore relever des barrières intérieures, ne verrait-on pas, comme aujourd'hui, des frères devenus ennemis, évoquer le souvenir classique d'Etéocle et de Polynice ?

Personne ne souhaiterait la ruine du Midi et celle d'aucune autre partie de la nation, mais on se révolte contre des prétentions abusives. L'Algérie donne des salaires à des indigènes, clients obligés de notre industrie, le Midi donne des salaires à des Espagnols et ces salaires retournent avec les travailleurs à leur pays d'origine. L'emploi de la main-d'œuvre étrangère étant une nécessité, la remarque faite est simplement provoquée par la litanie des griefs invoqués contre la colonie, dont l'un, tout au moins, se trouve particulièrement ridicule (¹).

On voit avec regret se produire une explosion de protectionnisme outré, susceptible par son étroitesse de compromettre une cause excellente en elle-même. La prétention, particulièrement inopportune pendant une période de cherté, d'élever des barrières entre terres françaises, tend à fournir aux tenants du libre-échange l'occasion d'un retour offensif périlleux pour l'Agriculture.

La viticulture, on devrait y songer, est protégée contre l'entrée des vins étrangers par des tarifs prohibitifs, douze francs par hectolitre, tarif minimum pour les vins d'Espagne. Une situation aussi favorisée deviendrait intolérable si elle n'avait pour correctif la concurrence intérieure. Le consommateur ne saurait et ne pourrait être taillable et corvéable à merci.

Ce qu'il faut, c'est reprendre la marche en avant du progrès de la consommation, tirer parti des habitudes prises pendant les années de misère

---

(¹) Dans les vignobles du Midi on emploie pendant la vendange, et souvent dans l'année, la main-d'œuvre italienne, espagnole et hongroise ; on y emploie également et de plus en plus la main-d'œuvre Kabyle. Avant de se laisser émouvoir par les galéjades économiques du Midi, il serait bon, pour éviter le risque de participer à un attendrissement ridicule, de consulter le *Rapport à la Société des Agriculteurs d'Algérie et à la Société de Viticulture de France et d'Ampélographie* sur la demande de limitation, présenté par *M. J. Bertrand, Président de la Société des Agriculteurs d'Algérie, Président des Délégations Financières (Colons).*

subies par la viticulture. Un recul s'est produit sous l'influence d'une surélévation nécessairement momentanée des cours. Ce que l'on doit rêver, c'est le maintien d'un prix normal, ménageant les intérêts réciproques du producteur et du consommateur, et cela d'autant mieux que les vins à l'occasion desquels le litige s'engage, ne sont pas destinés à la clientèle riche, mais au grand nombre, clientèle aussi précieuse pour les viticulteurs que le sont les voyageurs de troisième classe pour les chemins de fer.

On a été à même de voir la consommation du vin se restreindre parmi des travailleurs pour lesquels elle remplaçait, avec avantage pour l'hygiène, partiellement au moins, des boissons alcooliques. Quant aux vignobles de qualité supérieure, la querelle n'est pas pour eux avec l'Algérie, mais avec la mode inspirée par un savoir peut-être trop systématique. Or, la science subit, par le fait même des expériences successives, de constantes évolutions, aussi avait-on vu préconiser naguère ce que l'on blâme aujourd'hui. On sait d'ailleurs comment au temps passé, quand Galien disait oui, Hippocrate disait non. On peut donc compter sur un retour de fortune, des boissons hygiéniques, vin, cidre, bière, à titre de microbicides funestes au bacille d'Eberth, et par suite préventifs de la fièvre typhoïde.

Le protectionnisme a favorisé, en le rendant nécessaire même pour ceux qui le combattent aujourd'hui, le développement du vignoble algérien. Ses vins à gros degré viennent fraterniser dans les cuves du Midi au lieu et place des vins espagnols, pour prêter leur aide réconfortante aux produits des vignes à grand rendement, pauvres en alcool.

Aujourd'hui, que par un retour intéressé de moralité, la fraude est réprouvée par tout le monde, on peut avouer que d'anciennes pratiques, notamment le plâtrage, si largement pratiqué naguère dans le Midi, avaient autorisé l'action hostile du corps médical. Il faut reconquérir le terrain perdu et par une production, défiant le soupçon, faire reprendre l'avantage au vin sur l'eau, même minérale, dont l'usage coutumier, partant abusif, est condamné par les médecins hygiénistes.

Quant à entraîner les populations rurales des pays à cidre dans le mouvement contre l'Algérie, c'est un espoir qu'il faut perdre ; peut-être pourrait-on former quelques états-majors clairsemés, mais on n'aurait pas de soldats. Nos bons terriens sont heureux d'avoir chaque année une feuillette, les plus fortunés une barrique de vin agréable mais pas bien cher, car chez ces laborieux les ressources sont modestes. Le dimanche, on met une bouteille sur la table, on la vide lentement, on en jouit en famille et il ne faudrait pas jurer que, nonobstant les principes de sagesse et d'économie, il n'arrive pas parfois, succombant à la tentation, d'en atteindre une seconde bouteille.

Allez demander à ces braves gens, aux ouvriers des usines, à tous ceux qui vivent du salaire quotidien ou de minces revenus, s'il leur agréerait que le verre de vin dominical soit grevé d'un nouvel impôt de consommation mis à leur charge par les frères du Midi. Point ne serait besoin d'aller attendre la réponse sous l'orme.

Après avoir repoussé la tentative audacieuse poursuivie contre les intérêts matériels du pays, sans oublier ceux de la petite patrie et du port de Rouen, il nous reste à exprimer notre sentiment contre un acte que nous réprouvons comme une trahison commise face à l'ennemi.

Nous sommes au lendemain de jours douloureux, dont l'angoisse n'est pas épuisée. On connaît les projets avoués de reprise du Protectorat tunisien ; l'empire africain de la France, objet de jalousies internationales, est encerclé par des influences rivales et c'est le moment où l'avenir est chargé de menaces que l'on choisirait pour rompre un des liens qui rattachent à la Métropole le plus beau fleuron de ses possessions coloniales !

N'est-ce pas un blasphème que d'avoir écrit des lignes marquant comme constituant un élément onéreux, la possession de l'Algérie, concurrente agricole ?

En Normandie, quelles que soient les dissidences inévitables qui nous séparent, nous demeurons unis dans un sentiment unanime de patriotisme qui permet de flétrir au nom de tous l'atteinte portée aux aspirations de l'âme française.

LA POLITIQUE COLONIALE DE LA FRANCE EN AFRIQUE

Lettres et notes publiées avec d'autres documents inédits par M. J. Tournier.

CARDINAL LAVIGERIE

Le Correspondant a donné, dans son numéro du 10 mars, un travail qui emprunte aux circonstances actuelles un intérêt particulier.

L'auteur de cette importante publication, qui en relie à merveille les éléments pour en former un ensemble, rappelle comment, à Maison-Carrée, en 1867, lors d'une inauguration d'emploi de charrues à vapeur, Mgr Lavigerie rompant avec la monotonie louangeuse des harangues officielles, s'écria du haut d'une tribune improvisée :

« A la France, je demande pour l'Algérie des libertés commerciales, » agricoles, civiles, religieuses plus complètes.......... ».

Ce fut le coup de clairon sonnant au ralliement l'éveil des initiatives sages et fécondes.

On voit successivement l'illustre champion de l'influence africaine et méditerranéenne de la France demander des terres pour établir des colons, des colons pour peupler les terres.

On devait favoriser l'immigration d'origine française, remédier ainsi à l'insuffisance que constatait l'Evêque patriote écrivant :

« Mais si l'on rend disponibles des terres convenables, l'immigration » reprendra. L'auteur de la présente note se charge, à lui seul, si l'on vou- » lait lui confier ce soin, au rétablissement de la paix, d'attirer 20,000 colons » par an en Algérie, pourvu qu'on leur offrit des conditions d'établisse- » ment convenables ».

D'ailleurs, pour couper court à des tentatives de séparation avec la France, cette immigration était nécessaire et devait modifier et transformer les éléments nationaux, aussi fallait-il pour l'encourager « proclamer au » plus tôt l'assimilation complète de l'Algérie à la France ».

C'est contre la réalisation successive de ces vœux et leurs résultats que s'élève aujourd'hui une réaction antinationale. Grâce aux soins de M. l'abbé Tournier, la voix du grand disparu s'élève encore pour la défense de la cause de l'Afrique française.

On trouve dans les pages tracées par le Patriarche, apôtre et citoyen, avec la genèse de la lutte obstinément poursuivie contre l'influence méditerranéenne de la France, par des rivalités étrangères, l'indication du devoir à remplir. Ces lettres, ces fragments, ces documents inédits paraissent l'évocation d'une grande mémoire venant à l'heure du danger, à l'aide du colon français, pour détourner le coup qui voulût mortellement atteindre.